MW01622280

En el mercado europeo, el símbolo del bote de basura indica que las pilas, las pilas recargables, las celulares de botón, las pilas en paquete y materiales similares no deben desecharse en la basura doméstica. Las pilas que contienen sustancias peligrosas son dañinas para el medio ambiente y para la salud. Por favor, ayude a proteger el ambiente de los riesgos de salud indicando a sus hijos que desechen las pilas apropiadamente y lleven las pilas a los centros de recolección locales. Las pilas que se manejan de este modo son recicladas de manera segura.

## Cumple con los requisitos de seguridad de la ASTM F963-08.

Advertencia: Los cambios o modificaciones en esta unidad que no estén expresamente aprobados por la parte responsable del acatamiento de estas normas pueden invalidar la autoridad del usuario para operar el equipo. NOTA: Este equipo ha sido probado y cumple con los límites para un aparato digital de Clase B, de acuerdo con la Parte 15 del Reglamento de la Comisión Federal de Comunicaciones de Estados Unidos (FCC). Estos límites están determinados para proporcionar una protección razonable contra interferencias dañinas en una instalación residencial. Este equipo genera, utiliza y puede irradiar energía de radiofrecuencia y, si no se instala y utiliza de acuerdo con las instrucciones, puede causar interferencias dañinas con las comunicaciones de radio. Sin embargo, no hay garantía de que esas interferencias no ocurran en una instalación en particular. Si este equipo causa interferencias dañinas a la recepción de radio o televisión (encienda y apague el equipo para comprobarlo), se sugiere al usuario que corrija las interferencias aplicando una o más de las siguientes medidas: reoriente o ponga en otro lugar la antena receptora; aumente la separación entre el equipo y el receptor; conecte el equipo a un contacto o circuito diferentes de aquellos a los que está conectado el receptor; consulte con el vendedor o con un técnico experto en radio y TV.

Portada ilustrada por Daniel Howarth
Ilustraciones adicionales de Carolyn Croll, Daniel Howarth y David Wojtowycz
Poemas escritos por Virginia R. Biles y Joanna Spathis
Traducción: Arlette de Alba



Louis Weber, C.E.O.
Publications International, Ltd.
7373 North Cicero Avenue
Lincolnwood, Illinois 60712

Ground Floor, 59 Gloucester Place
London W1U 8JJ



Servicio a clientes: customer_service@pilbooks.com

**www.pilbooks.com**



8 7 6 5 4 3 2 1

Fabricado en China.

ISBN-13: 978-1-4508-1184-2
ISBN-10: 1-4508-1184-1

# Relatos de la Biblia

## Tesoro con música y luces

pi kids® publications international, ltd.

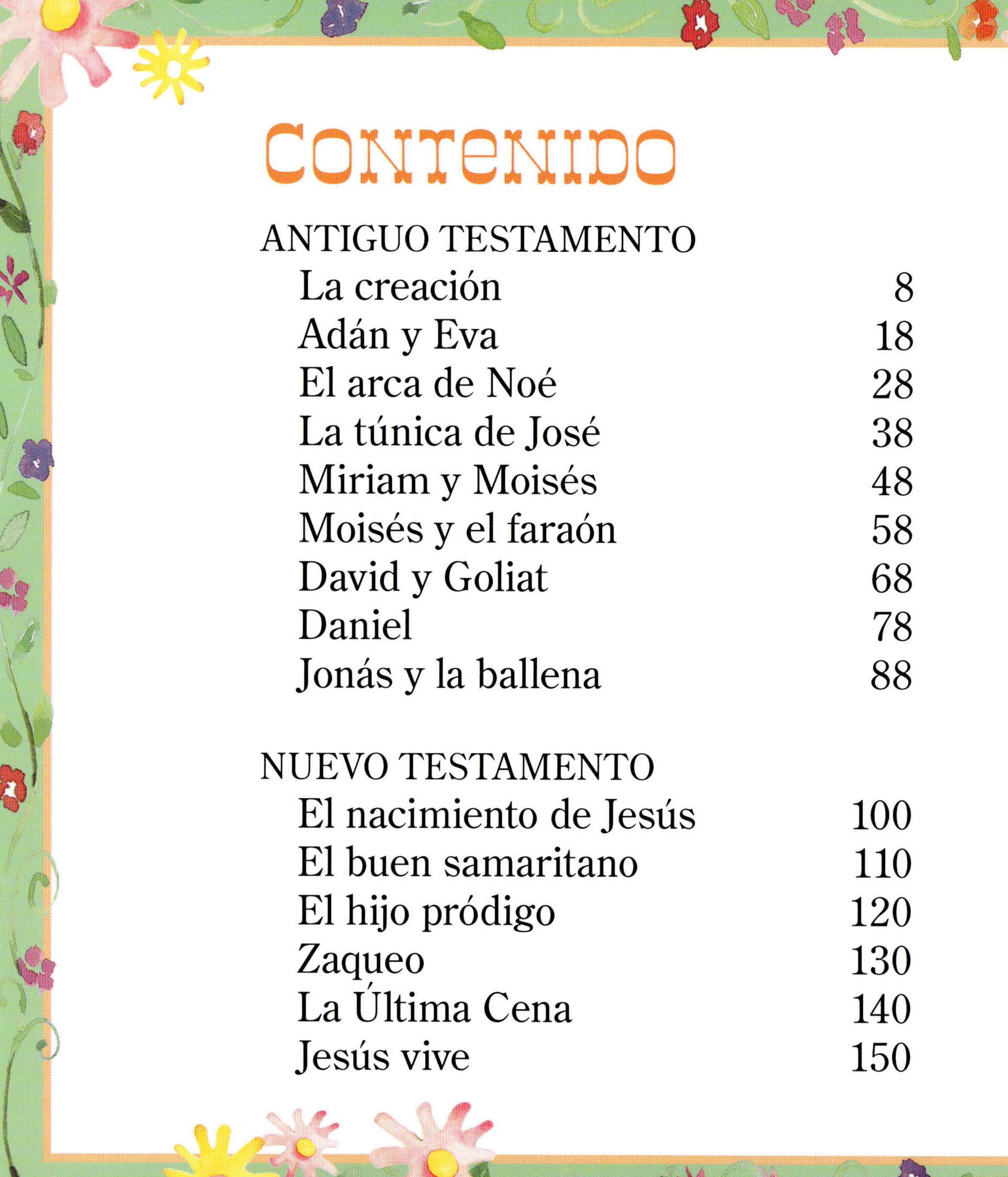

# CONTENIDO

ANTIGUO TESTAMENTO

La creación 8
Adán y Eva 18
El arca de Noé 28
La túnica de José 38
Miriam y Moisés 48
Moisés y el faraón 58
David y Goliat 68
Daniel 78
Jonás y la ballena 88

NUEVO TESTAMENTO

El nacimiento de Jesús 100
El buen samaritano 110
El hijo pródigo 120
Zaqueo 130
La Última Cena 140
Jesús vive 150

# Todas las cosas hermosas

Las cosas hermosas,
todas las hizo Dios.
Y a cada criatura
también Él la creó.
Las flores y pájaros,
sus cantos y su color.
Grandes y pequeños,
todos son su creación.

Las cosas hermosas,
todas las hizo Dios.
Y a cada criatura
también Él la creó.

# Relatos del Antiguo Testamento

# La creación

*Adaptado por Brian Conway*
*Ilustrado por Claudine Gévry*

En el principio no había nada, sólo oscuridad. Dios creó los cielos y la tierra. Pero la tierra estaba vacía y oscura. Dios dijo: "Que haya luz." Una tibia claridad llenó la tierra. Era la luz. Dios llamó "día" a la luz y "noche" a la oscuridad. Ese fue el primer día.

El segundo día, Dios dijo: "Que haya un gran espacio." Y Dios llamó "cielo" a este gran espacio.

El tercer día, Dios dijo: "Que las aguas fluyan debajo del cielo y que aparezca la tierra seca." En la tierra, Dios plantó árboles, hierbas y flores.

Dios miró detenidamente lo que había creado y se sintió complacido.

El cuarto día, Dios observó el cielo vacío y dijo: "Que haya luces en el cielo." Dios creó dos grandes luminarias y las colgó allí. A la más brillante la llamó "sol". Hizo que el sol brillara durante el día. A la otra luminaria la llamó "luna".

El quinto día, Dios miró los mares y dijo: "Que las aguas se llenen de seres vivientes." Y así agregó criaturas de todos los colores al agua.

Después, Dios miró otra vez los cielos y dijo: "Que en los cielos haya vida con criaturas voladoras." Dios hizo criaturas con alas y las llamó "aves". Las aves volaron por los grandes espacios del cielo.

Dios miró todo lo que había creado. La tierra, las plantas, las aguas, el cielo, las criaturas de los mares, las criaturas de los cielos... todo era bueno. Y Dios estaba complacido.

El sexto día, Dios dijo: "Que haya criaturas que vivan sobre la tierra." Dios creó todos los animales que caminan en la tierra. Algunos eran pequeños; otros, altos. Algunos vivían en el suelo; otros, en los árboles.

En los campos, Dios puso vacas y ovejas, caballos y búfalos, conejos y ratones. Muy pronto, los bosques estaban llenos de escurridizas ardillas, veloces zorros, e insectos tan pequeños que sólo Dios podía verlos.

Las selvas cobraron vida con feroces tigres, chimpancés parlanchines y elefantes ruidosos. Había animales de cuello largo y otros con rayas y manchas. Había animales que salían sólo en la noche, y animales que podían dormir todo el invierno.

Dios creó muchos animales, y cada uno era especial a su manera. Dios quería que todas las criaturas crecieran y tuvieran bebés.

Y Dios creó otra criatura ese sexto día. La llamó "hombre". El hombre fue hecho a la imagen de Dios. Dios lo puso en la tierra para cuidar de todos los seres vivos: los peces del mar, las aves del cielo y los animales de la tierra.

Dios bendijo a este primer hombre. Le dijo: "Crece en este lugar que he hecho para ti. Toma las plantas que crecen en la tierra, serán tu alimento. Comparte esta tierra y sus alimentos con todas las criaturas del mundo. Vive en este mundo que he creado para ti. Asegúrate que todas las criaturas se multipliquen y prosperen."

Así fue como Dios creó el mundo, de la nada. De la oscuridad, creó la luz. Del vacío, creó la vida.

Cada cosa que Dios hizo era buena, y Él estaba muy complacido.

Dios creó el día y la noche, la tierra y el cielo, el sol y la luna, la tierra y el mar. Hizo plantas que crecen, peces que nadan, aves que vuelan y animales que caminan. Dios creó al hombre para cuidar el mundo que había creado.

Desde los cielos, Dios miró su creación y vio que era muy buena.

Dios bendijo el séptimo día y lo hizo sagrado. El séptimo día, cuando el trabajo de Dios quedó terminado, descansó.

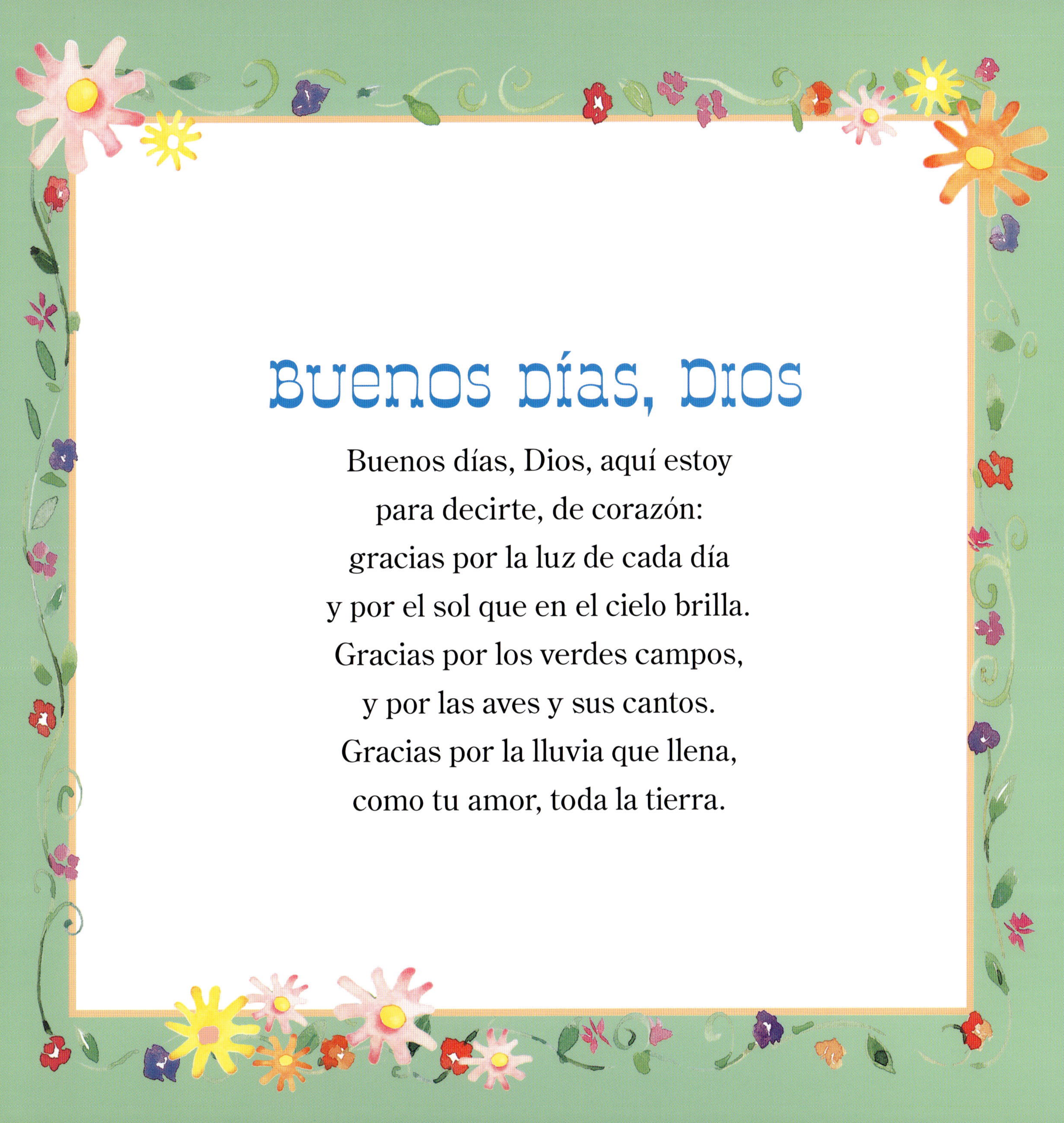

# Buenos días, Dios

Buenos días, Dios, aquí estoy
para decirte, de corazón:
gracias por la luz de cada día
y por el sol que en el cielo brilla.
Gracias por los verdes campos,
y por las aves y sus cantos.
Gracias por la lluvia que llena,
como tu amor, toda la tierra.

# Adán y Eva

*Adaptado por Lora Kalkman*
*Ilustrado por Karen Pritchett*

En el principio, Dios creó los cielos y la tierra. Creó los árboles, las flores, las aves, los peces y los animales. Y después hizo a Adán, el primer hombre.

Dios quería que Adán fuera feliz, así que creó un jardín glorioso donde Adán pudiera vivir. Dios llenó el jardín con todo lo que Adán podría desear o necesitar.

El Jardín del Edén era el lugar más bello de la tierra. Adán estaba contento con su hogar.

Un día, Dios llevó a todas las criaturas al jardín para que Adán las nombrara. Había tigres y aves, monos y mariposas. Había muchos animales magníficos, y Adán dio un nombre a cada uno.

Adán disfrutaba su encantador hogar y la amistad de todos los animales. Sin embargo, Dios podía ver que estaba solo, así que decidió hacer una compañera para él. Un día, cuando Adán estaba dormido, Dios realizó un milagro. Tomó una costilla del pecho de Adán y con ella creó una mujer. El nombre de la mujer era Eva.

Adán amaba a Eva. Ella era amiga de Adán y le ayudaba. Adán y Eva se casaron en el hermoso jardín.

Dios vio que Adán y Eva eran felices, y eso lo complació. A cambio de todo lo que les había dado, Dios esperaba que la pareja siguiera sólo una simple regla.

"Pueden comer de cualquier árbol, excepto del Árbol del Conocimiento del Bien y del Mal", dijo Dios.

Adán y Eva no cuestionaron a Dios. Estaban agradecidos con Él y querían obedecer su mandato. Sólo deseaban vivir felices.

Un día, Adán y Eva caminaban cerca del Árbol del Conocimiento del Bien y del Mal. Eva se fijó en las rojas manzanas que colgaban. Lucían deliciosas, pero recordó el mandato de Dios de no comer de ese árbol.

En ese instante, una serpiente se arrastró por una rama. La serpiente quería tentar a Eva a desobedecer a Dios.

"¿Por qué no cortas manzanas de este árbol?", siseó la serpiente. "Son más dulces que todas las demás."

"Oh, no", dijo Eva, con un nudo en la garganta. "Dios nos dijo que no comiéramos de este árbol."

"Pero si comes estas manzanas, te volverás tan inteligente como Dios", dijo la serpiente.

Eva quería ser muy inteligente. Cortó dos manzanas del árbol prohibido. Mordió una y le dio la otra a Adán. Él también mordió su manzana, aunque sabía que no debía hacerlo.

Dios fue al jardín. Adán y Eva trataron de ocultarse. Se escondieron porque estaban avergonzados. Dios sabía que habían comido del árbol prohibido. Dios no estaba disgustado, pero sí estaba muy triste.

No tenía otra opción más que castigar a Adán, Eva y la serpiente por no cumplir con su regla. Obligó a la serpiente a arrastrarse en el suelo para siempre, e hizo que fuera enemiga de los hombres y las mujeres. “La serpiente ahora podrá morder y envenenar a la gente”, dijo Dios.

Después, Adán y Eva tuvieron que marcharse. Dios les dijo: “Ahora tendrán que plantar su propio jardín. Trabajarán duro para construir un nuevo hogar para protegerse de la lluvia y el frío.”

Dios les dio ropas hechas de pieles de animales y después los expulsó del Jardín del Edén.

Mientras Adán y Eva se alejaban, Dios los miraba con tristeza. Sabía que se cansarían de cortar y cargar madera para construir su casa. Sabía que tendrían hambre cuando no hubiera lluvia suficiente para que creciera su huerto. Esto entristeció a Dios, pero seguía amándolos.

Cuando Adán y Eva se fueron, Dios pidió a los ángeles que cuidaran su precioso jardín. Los ángeles estaban felices de servir a Dios y volaron a la tierra para proteger el Jardín del Edén. Tristemente, Adán y Eva nunca pudieron regresar.

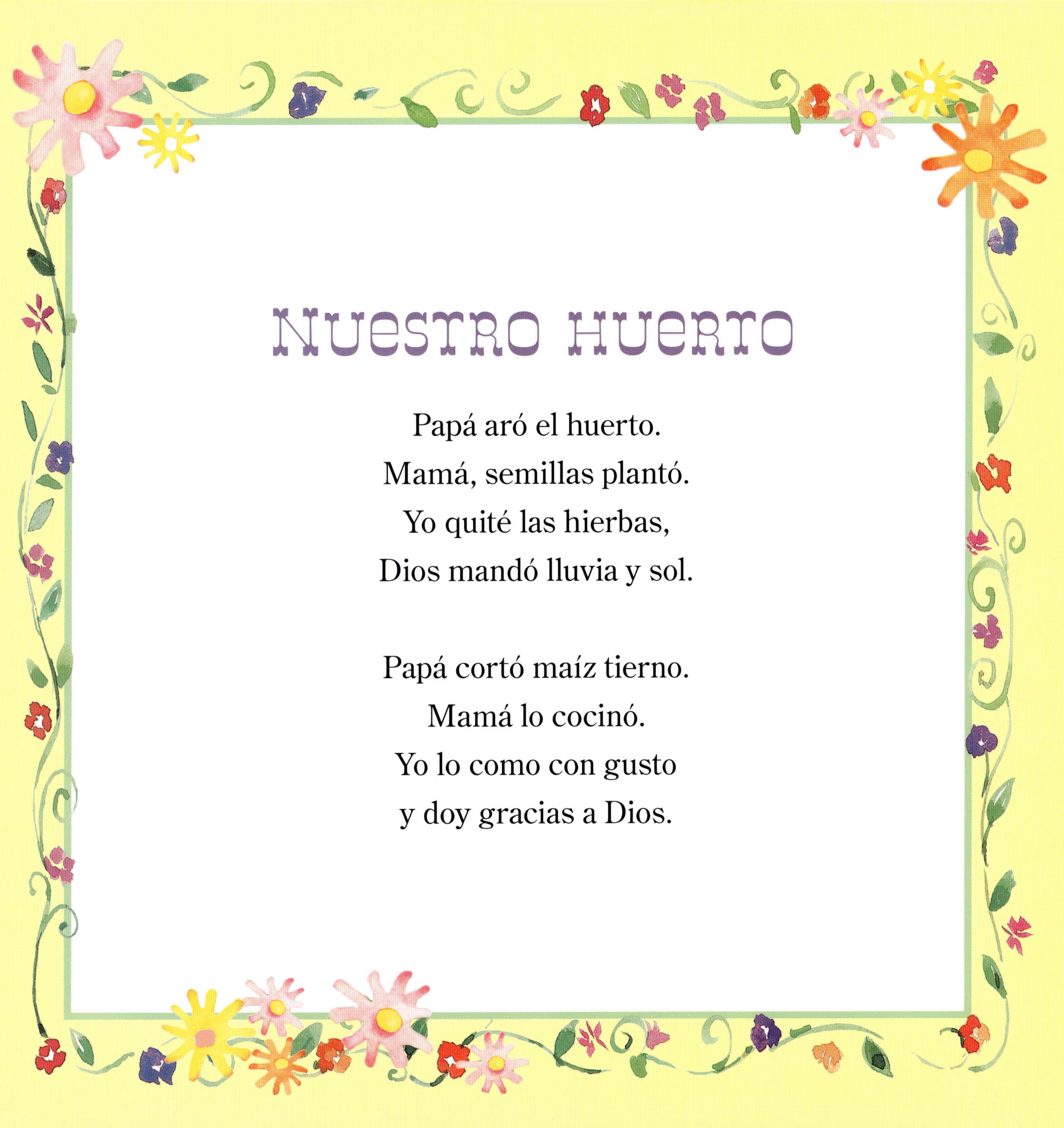

# Nuestro huerto

Papá aró el huerto.
Mamá, semillas plantó.
Yo quité las hierbas,
Dios mandó lluvia y sol.

Papá cortó maíz tierno.
Mamá lo cocinó.
Yo lo como con gusto
y doy gracias a Dios.

# El arca de Noé

*Adaptado por Suzanne Lieurance*
*Ilustrado por Carolyn Croll*

Hace mucho tiempo, la tierra se había convertido en un lugar muy malo. Las personas se hacían daño unas a otras y nadie obedecía a Dios. Así que Dios decidió que el mundo necesitaba un nuevo comienzo.

Noé, su esposa, sus tres hijos y las esposas de sus hijos eran buenos. Dios le dijo a Noé que una inundación cubriría la tierra y que construyera un barco. Ese barco, llamado arca, tendría que ser bastante grande para salvar a Noé, a toda su familia ¡y también a una pareja de cada tipo de animales del mundo! Noé escuchó a Dios con atención y después comenzó a construir. Su familia llenó el arca con lo que necesitarían para sobrevivir.

Noé y su familia trabajaron y trabajaron. Por fin, la terminaron. Ya casi estaban listos para la tormenta.

El cielo se oscureció, y en poco tiempo una larga fila de animales se encaminó hacia el arca. Los animales desfilaron de dos en dos: un macho y una hembra de cada tipo de animales, listos para embarcar. Había parejas de cebras y de jirafas y de elefantes. Se formaron conejos, caballos y tortugas. Leones, monos y perros también esperaban en la fila.

Noé veía cómo se acumulaban las nubes mientras permanecía de pie en la puerta del arca. “Bienvenido”, le dijo a cada animal mientras entraba. “¡Debemos apresurarnos!”

Los animales se movieron más rápido, pero todavía había muchos que seguían impacientes en la fila. Al ver oscurecerse los cielos, la esposa de Noé se preocupó de que fuera demasiado tarde. Pero Noé replicó: “Dios me dijo que confiara en Él. Nos protegerá.”

Por fin, cuando todos los animales habían entrado, Noé y su familia abordaron el arca. Noé tiró del tablón y selló la puerta justo cuando comenzaba a llover.

Primero cayeron sólo pequeñas gotas de agua, pero en poco tiempo diluviaba sobre el arca. Enseguida el suelo se convirtió en lodo. El lodo rápidamente se convirtió en grandes charcos. Los charcos muy pronto se volvieron estanques y después, lagos.

Llovió durante cuarenta días y cuarenta noches. El agua lo cubría todo. Hasta las montañas estaban cubiertas de agua. Pero Noé, su familia y todos los animales estaban secos y a salvo en el interior del arca flotante.

Noé y su familia estaban asustados, los animales inquietos, y todos se sentían cansados de viajar. Miraron por la ventana. Sólo había kilómetros y kilómetros de agua. Pero Dios los cuidaría porque se lo había prometido a Noé.

Por fin terminó la lluvia. Noé se asomó por la ventana y todo lo que vio fue agua.

Durante dos semanas, el agua fue bajando. El arca tocó tierra en las montañas de Ararat. Noé no sabía si encontraría suficiente tierra seca para establecerse.

Noé y su esposa decidieron soltar una paloma al aire. La paloma voló lejos y regresó antes de que oscureciera. Todavía había mucha agua. Después de siete días, Noé volvió a soltar amablemente a la paloma. En esta ocasión, el ave regresó con una rama de olivo. Noé se sintió muy contento al ver que estaba creciendo algo verde. Esperó pacientemente siete días más y entonces envió nuevamente a la paloma. Esta vez, la paloma no volvió. Noé supo que podían salir del arca.

Entonces, Dios le habló a Noé: "Sal del arca y vive libre. El diluvio ha terminado."

De dos en dos, los animales salieron del arca. Fueron a buscar hogares donde pudieran crear nuevas familias.

Noé había creído en Dios. Dios estaba tan complacido que le hizo una promesa especial: nunca volvería a mandar otro diluvio.

Para marcar su promesa, Dios creó un hermoso arco iris de colores y le dijo a Noé: “He puesto mi arco iris en el cielo. Será el símbolo de mi promesa para ti y para la tierra. Después de cada lluvia, busca el arco iris. Es mi promesa para siempre.”

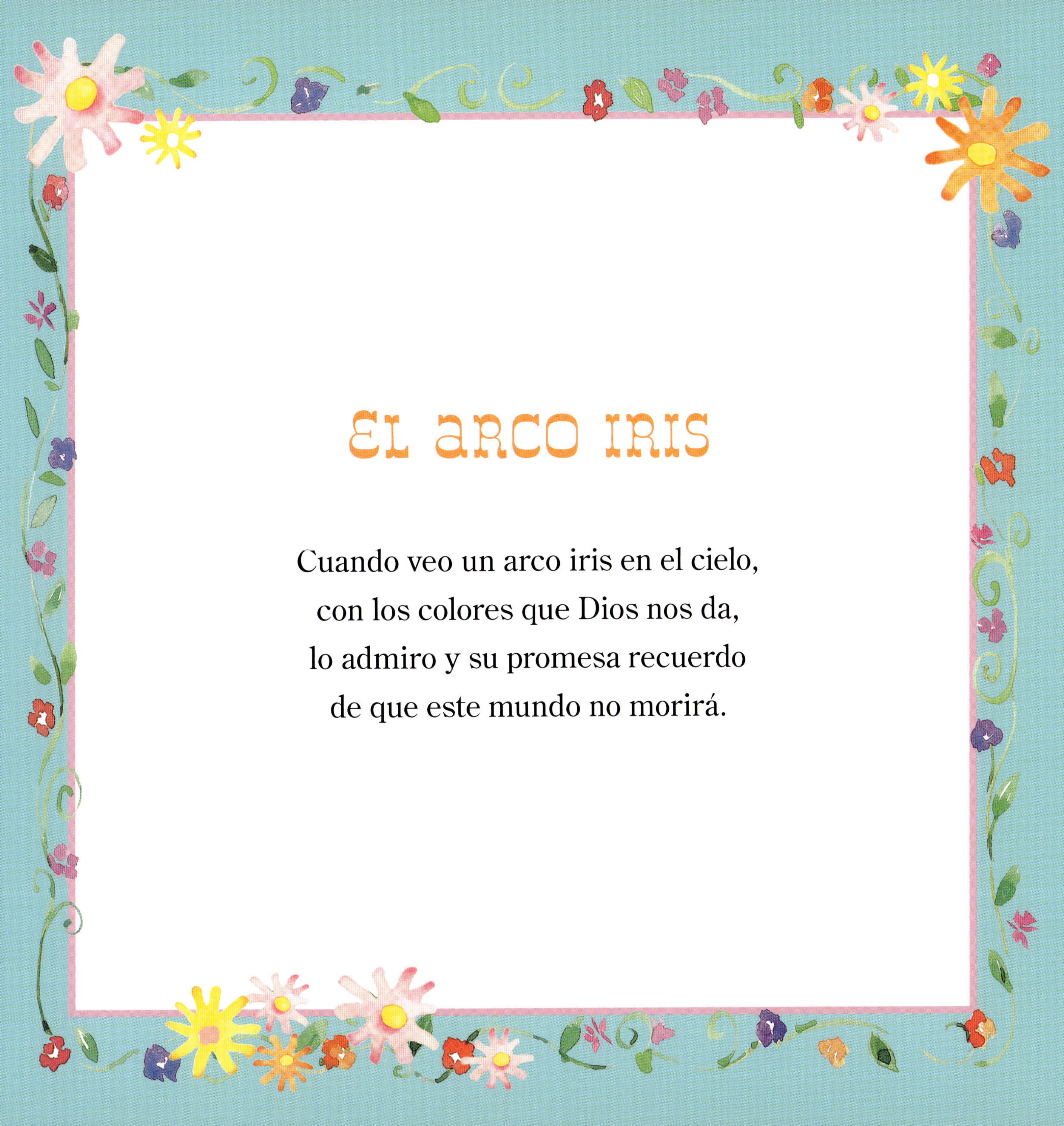

# El arco iris

Cuando veo un arco iris en el cielo,
con los colores que Dios nos da,
lo admiro y su promesa recuerdo
de que este mundo no morirá.

# LA TÚNICA DE JOSÉ

*Adaptado por Brian Conway*
*Ilustrado por Alex Burnett*

José era un niño bondadoso que vivía con su padre y once hermanos en la tierra de Canaán. Jacob, su padre, amaba a todos sus hijos, pero pensaba que José era el más cariñoso de todos.

Un día, Jacob le dio una sorpresa a José: una túnica de muchos colores. Sus hermanos sintieron envidia.

Cuando José tuvo edad suficiente, Jacob lo envió a trabajar en el campo con sus hermanos. José trabajó muy duro cuidando a las ovejas, pero sus hermanos fueron crueles con él. Al terminar el día, José le contó a Jacob lo que sus hermanos le habían dicho. Jacob castigó a sus hijos más grandes, y esto los disgustó más.

Esa noche y la siguiente, José tuvo dos sueños extraños. En el primero, José trabajaba en el campo con sus hermanos. Cada hermano tenía un manojo de trigo atado en un haz. El haz de José se mantenía erguido, pero los de sus hermanos se inclinaban ante el de José. Cuando José les contó a sus hermanos el sueño, se enfurecieron.

"¡Nunca nos inclinaremos ante ti!", gritaron.

En el siguiente sueño, el sol, la luna y once estrellas hacían una reverencia ante José. Jacob pensó que los sueños eran la manera en que Dios le hablaba a José, pero no se lo mencionó. Sólo le dijo: "Las estrellas deben ser tus hermanos, y el sol y la luna, tus padres."

José trataba de ser amable con sus hermanos, pero cuando ellos lo veían, decían: "Aquí viene el soñador, ¡el que cree que va a gobernarnos! Vamos a deshacernos de él de una vez por todas. ¡Así aprenderá!"

Los hermanos hicieron un plan para matar a José. A Rubén, el hermano mayor y más sabio, no le gustó la idea. "Sólo démosle un buen susto", dijo.

Al poco rato llegó José con unos bocadillos para sus hermanos. Le arrancaron la túnica y lo arrojaron a un foso.

En ese momento, pasó por allí una caravana de mercaderes. Los malvados hermanos les vendieron a José como esclavo. Antes de volver a su casa, mancharon con sangre de animal la túnica de colores y le dijeron a su padre que un animal salvaje había matado a José.

Los mercaderes se lo vendieron a los egipcios. Aunque José estaba lejos de su familia, Dios estaba con él. Dios le había dado la habilidad de entender los sueños.

Después de muchos años, el faraón se enteró del don de José. El faraón había tenido unos sueños extraños y lo llamó para que le ayudara.

"Esos sueños cuentan el futuro de Egipto", dijo José. "Tendrás siete años buenos. Pero los seguirán siete años malos. La tierra se secará y tu gente morirá de hambre. Encuentra un hombre sabio y haz que se encargue de almacenar alimentos", dijo José.

El faraón le pidió a José que estuviera a cargo del plan. Cuando llegó la época de la hambruna, el plan de José funcionó y nadie en Egipto sufrió hambre.

Las personas de otras tierras no fueron tan afortunadas. En Canaán, Jacob y sus hijos se quedaron sin comida. Los hermanos de José viajaron a Egipto para comprar alimentos del faraón. Los llevaron ante José, pero no lo reconocieron. José sabía que eran sus hermanos, pero esperó. Ellos hicieron una reverencia y le suplicaron que les vendiera alimentos. José accedió a darles algunos e incluso los invitó a comer a su casa.

A la hora del almuerzo, José les sirvió a sus hermanos sus alimentos favoritos.

"Soy yo, su hermano José", les dijo. "Dios los ha traído hasta mí. Los quiero y los perdono."

Los hermanos de José estaban asombrados. José los invitó, junto con el resto de su familia, a vivir con él en Egipto. Los hermanos regresaron a Canaán, reunieron a sus familias y volvieron a Egipto para quedarse con José. Por fin, Jacob y José estaban juntos otra vez.

# Algunos días

Hay algunos días
que siento frío y soledad,
pero en mi corazón
siempre debo recordar
que soy mi mejor amigo
y me puedo abrazar;
si yo mismo me sonrío,
el sol vuelve a brillar.

# Miriam y Moisés

*Adaptado por Sarah Toast*
*Ilustrado por Kathy Mitchell*

Jocabed trabajaba arduamente en el campo. Estaba esperando un bebé y su esposo, Amram, había sido forzado a trabajar lejos de su hogar. Cuando Jocabed volvió a su casa después de un largo día, sus hijos, Miriam y Aarón, corrieron a saludarla.

"Tengo terribles noticias", dijo Jocabed. "El faraón ya convirtió a nuestra gente, los israelitas, en esclavos y ha vuelto miserables nuestros días. Ahora teme que nos rebelemos contra él."

"¿Qué va a hacer el faraón?", preguntó Miriam.

"Ha ordenado que maten a todos los bebés varones que nazcan entre nosotros", dijo su madre.

"¡Eso es espantoso, madre!", exclamó Miriam. "¡El faraón es cruel! ¿Cómo puede ordenar una cosa así? ¿Y si tu nuevo bebé es niño? ¿Qué haremos?"

"Orar a Dios para que nos ayude", dijo Jocabed.

Al transcurrir las semanas, Jocabed se debilitó demasiado como para trabajar en el campo. Cada mañana, Miriam recolectaba carrizos para su madre. Jocabed tejía con ellos hermosas cestas que la niña vendía en el mercado.

Después de llevar los carrizos a su casa, Miriam iba al pozo donde las mujeres de Gosén iban por agua para sus casas y comentaban las últimas noticias.

Un día, una bondadosa mujer ayudó a Miriam a sacar agua del pozo. "Es verdad", le susurró la mujer. "El faraón ha ordenado a los egipcios que arrojen a todos los bebés varones israelitas al río Nilo."

Miriam corrió a su casa para decírselo a su madre.

Cuando Miriam llegó a su casa, Jocabed ya había dado a luz un hijo.

"Vengan, niños, para que conozcan a su hermanito", dijo Jocabed con orgullo. "No podemos decirle a nadie y debemos ocultarlo."

Durante tres meses la familia cuidó al bebé sin que los egipcios lo supieran. Jocabed tejía cestas en su casa. Cuando los egipcios revisaban los hogares israelitas, Jocabed escondía a su bebé en una cesta.

Una mañana temprano, cuando Miriam estaba entre los altos carrizos de la orilla del río, oyó que unas personas se acercaban. Vio que la hija del faraón bajaba al río. "He visto a la hija del faraón aquí antes", pensó Miriam. "Puede ser la hija del faraón, pero parece muy amable. Debo recordar los días que viene aquí."

Una mañana, Jocabed no pudo ocultarle más su preocupación a su hija. “El bebé ahora tiene tres meses. Su llanto es demasiado fuerte para tenerlo escondido. No sé cuánto tiempo más podremos ocultarlo.”

“No te preocupes”, dijo Miriam. “Tengo un plan.”

Miriam y su madre hicieron una cesta con forma de barco. Antes del amanecer, llevaron al niño en la cesta al lugar de la orilla del río donde la hija del faraón iba a bañarse. Allí, la madre y la hija colocaron la pequeña embarcación entre los gruesos carrizos, donde la corriente no se la llevaría. La cesta cabeceó suavemente, arrullando al bebé, que se quedó dormido.

Jocabed volvió a casa a esperar y orar. Miriam permaneció escondida entre los altos carrizos y la hierba. Esperó hasta que la hija del faraón llegó y descubrió al bebé en el barquito.

La hija del faraón levantó al bebé. "¿Cómo podemos cuidar a este niño?", preguntó.

Miriam salió de entre los carrizos. "¿Deseas que busque una mujer israelita que se encargue del bebé?"

"Si me traes a esa mujer", dijo la hija del faraón, "le pagaré para que cuide a este niño. ¡Lo llamaré Moisés y algún día será príncipe de Egipto!"

Y así fue como Miriam salvó a su hermano Moisés.

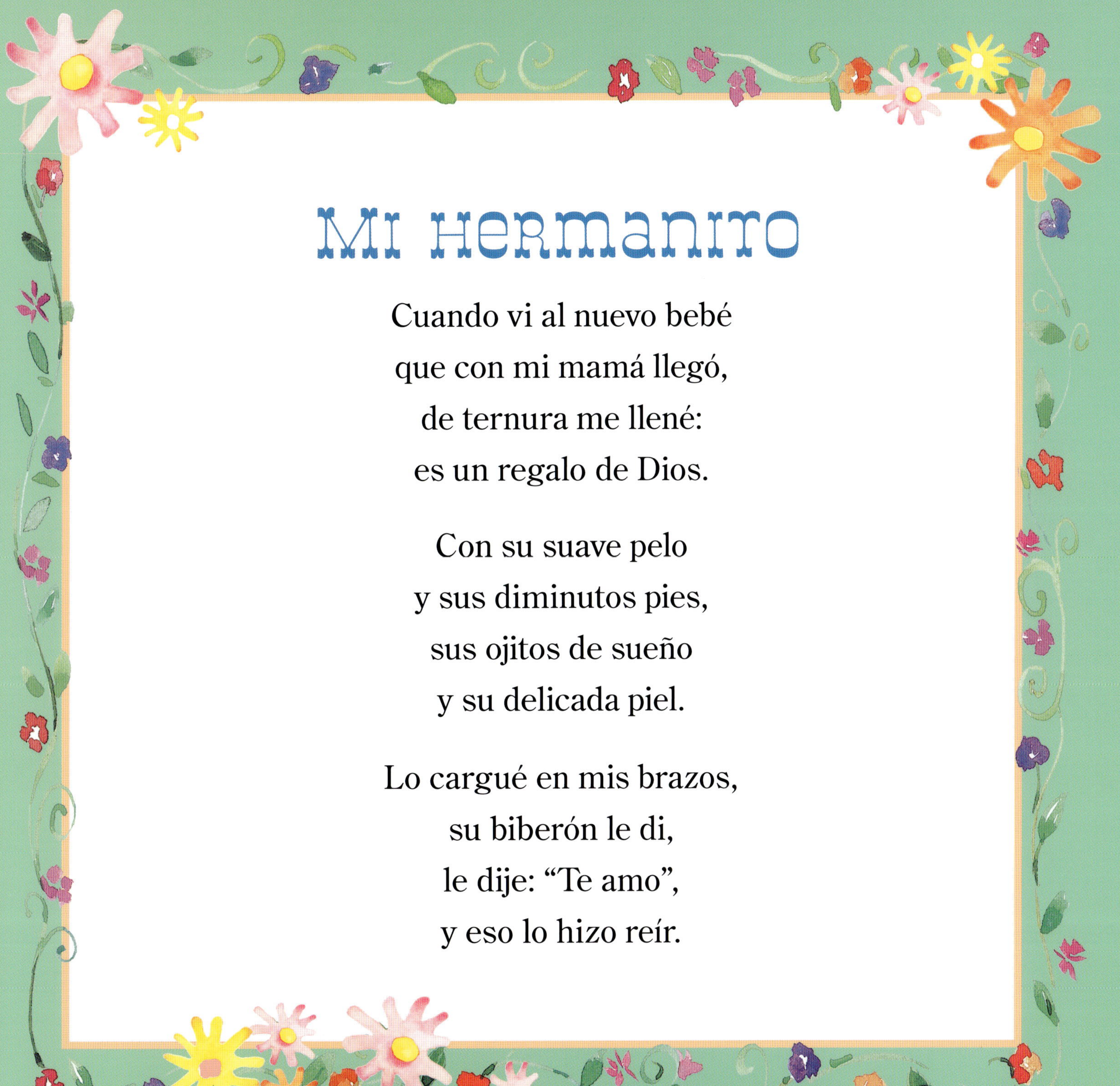

# MI HERMANITO

Cuando vi al nuevo bebé
que con mi mamá llegó,
de ternura me llené:
es un regalo de Dios.

Con su suave pelo
y sus diminutos pies,
sus ojitos de sueño
y su delicada piel.

Lo cargué en mis brazos,
su biberón le di,
le dije: “Te amo”,
y eso lo hizo reír.

# Moisés y el faraón

*Adaptado por Brian Conway*
*Ilustrado por Kathy Mitchell*

Un anciano llamado Saúl le dijo a su nieto Simeón: "Es hora de que conozcas la historia de tu pueblo.

"Yo era sólo un niño, más o menos de tu edad", comenzó. "Los israelitas eran esclavos del terrible faraón, soberano de Egipto. Todos, hasta los niños, trabajaban día y noche haciendo ladrillos para construir su ciudad.

"Un día vi a Moisés caminando hacia el palacio del faraón. Sentí curiosidad. Dejé mi trabajo y salí a hurtadillas. Quería escuchar lo que Moisés iba a decir.

"'¡Deja ir al pueblo de Dios!', le dijo Moisés al faraón. 'Déjalos libres, o Dios seguramente te castigará.'

"El faraón no hizo nada, sólo se fue.

“Unos días más tarde, desperté al oír un extraño ruido por toda la ciudad. Sonaba como si croaran. ¡Miré al exterior y vi que la tierra estaba cubierta de ranas! Estaban en el río, sobre los caminos y en los techos.

“Moisés había advertido al faraón que muchas plagas caerían sobre Egipto si el pueblo de Dios no era liberado. Esa era una de las plagas. No fue la primera señal que Dios enviaba a Egipto, ni sería la última. El faraón prometió liberar a los israelitas, sólo si Moisés le pedía a Dios que se llevara a las ranas. Pero cuando las ranas desaparecieron, el faraón rompió su promesa.

“Dios envió enjambres de moscas sobre Egipto, hizo que el ganado enfermara, aporreó la tierra con granizo y se llevó la luz del sol. Cada vez que caían estas tragedias, Moisés iba con el faraón y le exigía: ‘¡Deja ir al pueblo de Dios!’

"Por fin, el poder de Dios fue demasiado para el faraón y su gente. Accedió a dejarnos salir de Egipto. Moisés vino a traer las buenas noticias a mi familia.

"'Debemos irnos tan rápido como podamos', dijo.

"Abandonamos Egipto sin nada y viajamos por el desierto. Era caliente y seco, pero estábamos libres del faraón. Y un día, vimos un ejército egipcio que venía detrás de nosotros. El faraón había cambiado de opinión otra vez. Quería que nos llevaran de vuelta a Egipto. Pero Moisés era nuestro líder, y Dios, nuestro salvador.

"Con el faraón y sus hombres persiguiéndonos, llegamos al mar. No teníamos adónde volvernos. Moisés levantó su mano sobre el mar, y las aguas se separaron.

"Cuando ya habíamos cruzado, Moisés miró el mar y volvió a levantar su mano. El agua cayó sobre el faraón y sus soldados.

"¡Estábamos a salvo! Continuamos nuestra difícil travesía por el desierto.

"No es una historia alegre, pero voy a contarte el resto. Caminamos por el ardiente desierto con muy poco que comer durante muchos meses. Sufrimos muchísimo, pero aun así cantábamos a Dios y orábamos, y Él proveía nuestro alimento.

"Un día, Moisés nos dijo a todos que esperáramos mientras subía hasta la cima de una montaña para hablar con Dios.

"Se fue mucho tiempo. Algunos de los israelitas no querían esperar. Todos se estaban preocupando más y más. Finalmente, Moisés regresó con dos tablas que contenían las leyes que Dios le había dictado. Eran los Diez Mandamientos de Dios, y desde entonces los seguimos."

"Los conozco todos, abuelo", dijo Simeón con orgullo. "Tú me los enseñaste."

"Así es", dijo Saúl.

"Qué bueno que Dios los haya cuidado", dijo Simeón.

"¡Dios siempre nos cuida!", replicó Saúl. "Dios protegió a sus hijos en el desierto y sigue haciéndolo dondequiera que estemos."

"Y Moisés fue un gran héroe", dijo Simeón.

"Moisés nos recordó que Dios está en todas partes", dijo Saúl. "Ahora tenemos los Diez Mandamientos para guiarnos y tenemos una historia importante que contar a nuestros hijos y nuestros nietos."

# Mis plegarias flotan como nubes

Mis plegarias van flotando
como nubes de algodón.
Dios las recoge en sus manos
y les da contestación.
Sus respuestas van llegando,
como lluvia suelen caer.
Brotan flores en los campos,
y todo vuelve a estar bien.

# DAVID Y GOLIAT

*Adaptado por Catherine McCafferty*
*Ilustrado por Anthony Lewis*

David era el más joven de ocho hermanos. No era fuerte, pero era un buen pastor y tocaba muy bien el arpa. Un día, Dios envió al profeta Samuel para nombrar al siguiente rey de Israel. ¡Samuel dijo que Dios había elegido a David!

David estaba emocionado. Estaba listo para ir al palacio. Se sintió decepcionado cuando Samuel le dijo que se quedara y siguiera cuidando las ovejas de su padre.

Una mañana, mientras David vigilaba las ovejas, un león se llevó un cordero. David arrojó una piedra con su honda ¡y golpeó a la bestia en la cabeza! El león dejó caer al cordero. David dijo: “Un día probaré que puedo ser un soldado valiente y un rey fuerte.”

La oportunidad de demostrarlo llegó, pero no como David quería. Uno de los sirvientes del rey Saúl fue por David. El preocupado rey necesitaba música para tranquilizarse. El padre de David dejó que su hijo tocara, si cuidaba las ovejas durante el día. David tocaba el arpa para el rey todas las noches, y el rey lo quería cada día más.

Un día, David fue enviado al campo de batalla con comida para sus hermanos, que eran soldados. Los soldados corrían hacia el enemigo y, de pronto, se detuvieron.

Goliat, el líder de los filisteos, estaba de pie en el campo de batalla. ¡Medía casi tres metros de altura! Parecía que su armadura pesaba más que David. La lanza que Goliat llevaba parecía suficientemente poderosa para desgarrar el cielo. “Elegid un hombre para que luche contra mí”, rugió Goliat. “Si me mata, los filisteos serán vuestros esclavos. Pero si yo lo mato, ustedes serán nuestros esclavos.”

Los israelitas huyeron, pero David se dio cuenta de que ésta era su oportunidad de probar su valor. Fue ante el rey y le dijo: “Yo lucharé contra Goliat.”

“Sólo eres un niño”, dijo Saúl amablemente, pero con firmeza.

David relató su batalla con el león. “Derrotaré a Goliat como vencí al león”, dijo. “Dios me protegerá.”

“¡Ve, y que Dios esté contigo!”, declaró Saúl.

El rey ordenó a sus sirvientes que trajeran una armadura, y David se la probó. Era tan pesada que casi no podía moverse. Saúl le entregó a David una espada grande, pero el niño apenas podía levantar la pesada hoja. Valientemente, le sonrió a Saúl. Estaba listo para defender Israel. Pero no con la armadura ni con la espada.

Con todo el respeto posible, David le dijo al rey: “No puedo caminar con esta armadura, no estoy acostumbrado.”

Con el permiso del rey, David se quitó la armadura y después fue a un arroyo y recogió cinco piedras. Sacó su honda. Estaba listo para enfrentarse a Goliat. Con sus hermanos y el resto del ejército detrás de él, David caminó hacia Goliat. El gigante se inclinó a mirarlo y se rió. ¡Había dicho a los israelitas que mandaran un hombre, y enviaron un niño!

Goliat dio un paso adelante. David no se movió, pero dijo: “Vienes contra mí con una poderosa lanza y una pesada armadura, pero yo vengo contra ti en el nombre de Dios, que te entregará en mis manos.”

David buscó una piedra en su morral. Mientras la sombra de Goliat caía sobre él, cargó la honda e hizo girar la piedra en círculos. Goliat soltó un feroz grito de guerra y levantó su espada. David fijó la puntería y dejó volar la piedra. *¡Zuuuum! ¡Poc!* La piedra dio en el blanco.

Cuando la piedra golpeó su frente, Goliat soltó su lanza y cayó al suelo. ¡David había derribado a Goliat! Sus hermanos lo llevaron en hombros, y los demás soldados bailaban y gritaban.

Saúl fue al campo de batalla y le dijo a David: "¡Serás mi comandante!"

David se inclinó ante Saúl, aceptando su nuevo puesto. Después, tomó la armadura y la espada de Goliat. Las quería como recordatorios del poder de Dios. Con Dios a su lado, David no tenía que ser grande para ser valiente.

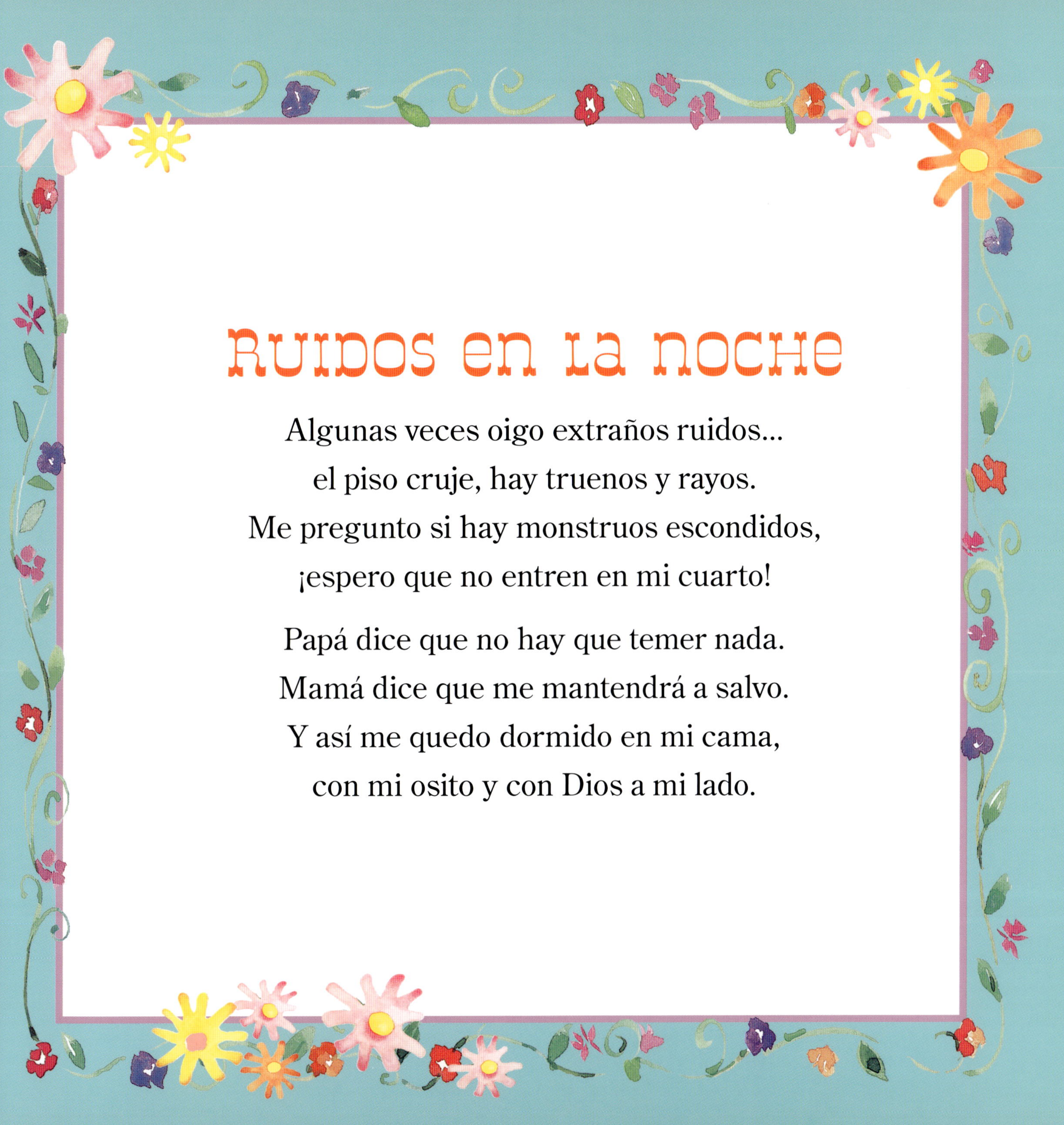

# Ruidos en la noche

Algunas veces oigo extraños ruidos...
el piso cruje, hay truenos y rayos.
Me pregunto si hay monstruos escondidos,
¡espero que no entren en mi cuarto!

Papá dice que no hay que temer nada.
Mamá dice que me mantendrá a salvo.
Y así me quedo dormido en mi cama,
con mi osito y con Dios a mi lado.

# Daniel

*Adaptado por Lora Kalkman*
*Ilustrado por Nancy Woodman*

En Babilonia vivía un hombre llamado Daniel. Además de ser un trabajador dedicado, era un verdadero siervo de Dios, quien lo había bendecido con sabiduría e inteligencia. Daniel estaba agradecido. Había prometido servir siempre a Dios.

Un día, el rey Darío le pidió que fuera a su castillo. El rey dijo: "Daniel, eres un buen hombre, inteligente y leal. Quiero que seas el segundo al mando de todo mi reino. Si me sucede cualquier cosa, tú estarías a cargo."

Daniel aceptó el ofrecimiento del rey. "Prometo ser leal y devoto. Siempre te serviré y haré lo que sea correcto para la gente de Babilonia."

El rey Darío le dio a Daniel cada vez más responsabilidades, porque sabía que podía confiar en que tomaría decisiones sabias y justas. Daniel estaba contento con su trabajo. Oraba tres veces al día, dando gracias a Dios por todas sus bendiciones.

A diferencia de Daniel, algunos de los consejeros del rey no eran hombres buenos. Pensaban que el rey Darío daba demasiado poder a Daniel y planearon atraparlo cometiendo un error. Eso resultó muy difícil. Daniel no cometía errores. Y eso los disgustó aún más.

Una noche, los envidiosos consejeros se preguntaron: “¿Qué podemos hacer para meter en problemas a Daniel?”

“Daniel ora a menudo a Dios”, dijo un hombre. “Apremiaremos al rey para que emita un decreto formal que ordene que cualquier persona a quien se atrape orando a alguien aparte del rey sea arrojada a la cueva de los leones.”

Cuando los consejeros le explicaron su idea, el rey Darío quiso consultarlo con Daniel, pero él estaba en otro lugar del reino. Finalmente, el rey se cansó de escuchar y decidió emitir el decreto.

“Debes hacer que esta orden no pueda cambiarse”, lo apremiaron los hombres malvados. “Cualquiera que sea descubierto orando a alguien que no seas tú debe ser arrojado a la cueva de los leones.”

“Así sea”, proclamó el rey Darío.

Cuando Daniel regresó, se enteró del decreto del rey. Triste por la noticia, fue a orar a su habitación. Le dijo a Dios: “El decreto dice que no debo rezarte, pero siempre serás lo primero en mi vida. ¿Cómo puedo ser leal al rey mientras te sirvo?”

Los consejeros habían seguido a Daniel y lo vieron orando, así que corrieron inmediatamente a decírselo al rey.

El rey Darío estaba muy disgustado porque sus consejeros lo habían engañado. Trató de pensar en una manera de salvar a Daniel de ser arrojado en la cueva de los leones, pero no tenía opción. Había desobedecido el mandato, y éste no podía cambiarse.

Con el corazón apesadumbrado, el rey Darío le dijo a Daniel: “No quiero hacer esto, pero no tengo otra alternativa. Reza a tu Dios, quizá Él pueda salvarte.”

Poco después, los consejeros del rey llevaron a Daniel a una cueva grande y oscura. Daniel caminó valientemente en el interior. Sabía que Dios lo cuidaba. Los guardias del rey cubrieron la entrada con una piedra enorme.

“Querido Dios”, oró Daniel, “siempre te honraré. Espero que vengan otros y hagan lo mismo.”

Toda la noche, Daniel oró a Dios. Asombrosamente, los leones no le hicieron daño.

El rey no pudo dormir toda la noche. En la mañana, corrió a la cueva de los leones y ordenó a los guardias que retiraran la piedra. Entonces gritó: "Daniel, ¿tu Dios te ha salvado de los leones?"

El rey se llenó de alegría al escuchar la respuesta de Daniel: "Sí, rey Darío. Dios me ha salvado."

El rey Darío inmediatamente ayudó a salir a Daniel de la cueva de los leones y castigó a los malvados consejeros que lo habían engañado. Después, emitió un nuevo decreto: "De hoy en adelante, toda la gente orará al Dios de Daniel, porque verdaderamente es el rey más grandioso de todos."

# Confiamos en Dios

Confiamos siempre en Dios;
de noche y de día,
su fortaleza nos da.

Sabemos que Él nos cuida,
nos da abrigo y comida,
y un jardín para jugar.

# Jonás y la ballena

*Adaptado por Brian Conway*
*Ilustrado por Laura Merer*

Jonás era uno de los fieles siervos de Dios. Llevaba una vida sencilla y seguía todos sus mandamientos. Un día, Dios eligió a Jonás para una tarea especial. Quería que viajara a una ciudad cercana, llamada Nínive, que estaba llena de pecado y violencia.

"La gente de Nínive se ha olvidado de mí", dijo Dios. "Ve, Jonás, y llévale mi palabra."

Jonás había oído muchas historias aterradoras acerca de la ciudad de Nínive. Era un lugar terrible. Los ninivitas eran malvados con los extraños. Sintió miedo de que la gente de Nínive le hiciera daño.

Con este temor, Jonás sólo pensaba en salvarse.

Jonás huyó de Dios. Fue a una ciudad a la orilla del mar. Quería dejar su país, porque pensaba que podría esconderse de Dios en un lugar remoto. En el puerto, encontró un barco que estaba a punto de partir a unas tierras lejanas. Jonás pagó su viaje y subió a bordo.

"¿A dónde viajas?", le preguntó un pasajero.

"A la ciudad de Tarsis", contestó Jonás. "Es un lugar mucho más agradable que Nínive."

Mientras el barco se alejaba de la costa, Jonás se quedó dormido bajo la cubierta. Durmió apaciblemente un rato, pero despertó sobresaltado. Una gran tormenta se había levantado en el mar. El barco era arrojado a un lado y otro por las salvajes olas.

"¿Qué está sucediendo?", le preguntó a un pasajero.

"Nos alcanzó una terrible tormenta", replicó el pasajero. "Sin ningún aviso. Estamos en grave peligro."

Los pasajeros se apiñaron en el interior del barco. Oraban a diferentes dioses para que los salvaran. Jonás vio el miedo en sus rostros, pero no oró. Sabía que Dios había enviado esta tempestad y que fue un tonto al pensar que podía esconderse de Él.

Jonás se puso de pie y dijo: "La tormenta es para mí. Huí de Dios. Debo enfrentar las consecuencias. Arrójenme a las olas y estarán salvados."

Los hombres dijeron: "¡Pero morirás! No lo haremos."

"Créanme", dijo Jonás. "Es la única manera."

Los hombres hicieron lo que Jonás les pidió. Y en cuanto desapareció bajo las olas, la tempestad paró. Mientras se hundía en el mar, Jonás oraba.

Una ballena gigante subió desde el fondo del mar y se lo tragó de un bocado. Como la tormenta, esta ballena gigante fue enviada por Dios. Y Jonás lo entendió.

Jonás se sentó dentro de la barriga de la ballena y esperó. Estaba oscuro y húmedo, pero podía respirar.

Jonás pensó un largo rato en lo que había sucedido. "Debí haber hecho lo que Dios me pedía", dijo.

Jonás estaba contento de estar vivo, pero se hallaba atrapado en el interior de la ballena. Se preguntaba si alguna vez volvería a estar libre. Sabía que no estaba solo, Dios siempre estaba con él. Le pidió a Dios que lo perdonara.

"Tenía miedo", oró, "y huí de ti. Nunca más huiré de ti. Debí haber sabido que nunca permitirías que el peligro llegara a mí. Ahora lo sé, Dios. Confío en ti más que nunca."

Jonás pasó tres días y tres noches en el interior de la ballena. No tenía miedo. Tenía fe en la bondad de Dios. En sus oraciones, Jonás prometió servir siempre a Dios.

Finalmente, la ballena abrió la boca y Jonás quedó libre. Nadó hasta la playa, donde Dios habló por segunda vez con él. “Ahora ve a Nínive y lleva mi mensaje a la gente.”

Esta vez, Jonás obedeció. Caminó hasta Nínive. En cada parte de la ciudad que visitaba, contaba su historia.

Advirtió a los habitantes de Nínive que no podían escapar de Dios. Ellos lo escucharon. Y como Jonás estaba llevando el mensaje de Dios a la gente, sabía que no tenía nada que temer.

# ¿Qué puedo hacer?

¿Qué puedo hacer yo,
para al mundo llevar paz?
Apenas un niño soy,
¿qué historia puedo contar?

Puedo hablar del nacimiento
de nuestro Salvador.
Y a todos los que me rodean
contarles de su amor.

# Relatos del Nuevo Testamento

# El nacimiento de Jesús

*Adaptado por Suzanne Lieurance*
*Ilustrado por Terri Steiger*

Hace mucho tiempo, había una joven llamada María. Iba a casarse con un hombre que se llamaba José. Un día, Dios envió al ángel Gabriel a visitar a María.

"No temas, María", dijo Gabriel. "Tengo maravillosas noticias para ti. ¡Concebirás y darás a luz un hijo! Le pondrás por nombre Jesús."

María se quedó mirando a Gabriel. "¿Cómo puede ser posible eso?", preguntó. "Ni siquiera me he casado."

Gabriel contestó: "El Espíritu Santo te visitará. El niño santo que nacerá será llamado Hijo de Dios."

"¿Dios me ha elegido?", susurró ella. "Soy la esclava del Señor. Hágase tal como has dicho."

Pasaron los meses, y María estaba cerca del momento del parto. Pero primero, ella y José tenían que ir a Belén. María montaba un burro guiado por José.

Fue un largo viaje, pero María no se quejaba. José condujo al burro por colinas y valles durante muchos, muchos días. Por fin, justo cuando el sol se ponía una tarde, vieron las luces de Belén.

Mientras caía la oscuridad, José buscaba un lugar para pasar la noche. Llamó a la puerta de muchas posadas, pero todos los cuartos estaban ocupados. En la última posada, el posadero dijo, moviendo negativamente la cabeza: "Lo siento, no tenemos espacio."

"Por favor, ayude a mi esposa", dijo José.

El posadero lo pensó. "Pueden quedarse en el establo con los animales. Allí no tendrán frío."

José llevó a María y al burro al establo, e intentó que María estuviera cómoda. Hizo una cama de paja suave para que pudiera descansar.

Esa noche, María dio a luz a su bebé. Y como el ángel Gabriel lo había indicado, le puso el nombre de Jesús. María y José miraban al pequeñito con alegría.

María envolvió cuidadosamente al bebé en pañales. No tenían una cuna, así que José lo acostó en el pesebre, y el bebé se quedó dormido.

Mientras José, María y el niño Jesús dormían en el establo, un pastorcito y su padre estaban cuidando sus ovejas en una aldea cercana. Como cualquier otra noche, el padre y el hijo vigilaban su rebaño y charlaban tranquilamente para mantenerse despiertos.

"¡Mira!", dijo el niño, señalando el cielo.

El padre miró arriba. Una hermosa estrella de deslumbrante brillo había aparecido. Su luz iluminaba como un reflector. Mientras veían la estrella, de pronto el cielo se llenó de ángeles vestidos con vaporosas túnicas.

Los ángeles miraron al niño y a su padre, sonriendo. Uno de los ángeles les habló.

"No tengan miedo", dijo el ángel. "Venimos a darles grandes noticias. ¡El mundo debe regocijarse esta noche! Este día, en la ciudad de Belén, les ha nacido un Salvador. Es Cristo el Señor. Vayan y sean testigos del milagro. Encontrarán un bebé envuelto en pañales y acostado en un pesebre. Sigan la estrella brillante. Los guiará hasta Belén." Los ángeles cantaron un himno de alabanza y después desaparecieron.

El pastor y su hijo se miraron llenos de asombro. "Ven", dijo el padre, "debemos ir".

En Belén, la estrella brillaba directamente sobre un pequeño establo. El pastorcito abrió silenciosamente la puerta del establo y entró. Allí encontró a María y a José con el bebé. Justo como los ángeles lo habían dicho, el bebé estaba envuelto en pañales y acostado en un pesebre.

El pastorcito se arrodilló ante el bebé para orar. Mientras el niño rezaba, otros pastores se reunieron detrás de él. Todos habían seguido la estrella brillante. Todos habían venido de lejos a conocer al niño Jesús y a ser testigos de este bello milagro.

# La noche en que Jesús nació

La noche en que Jesús nació,
todo el cielo quiso festejar.
Y hasta los ángeles de Dios,
“¡Aleluya!” vinieron a cantar.

Una gran estrella apareció
la noche en que nació Jesús,
y hasta la dulce María guió
a los pastores con su luz.

# El buen samaritano

*Adaptado por Leslie Lindecker*
*Ilustrado por Janet Jones*

Mientras Jesús enseñaba en el templo, un hombre le preguntó: "Maestro, ¿qué debo hacer para entrar al cielo?"

"¿Qué te dicen las Escrituras?", preguntó Jesús.

El hombre contestó: "Dicen que ames a Dios con todo tu corazón, tu alma, tus fuerzas y tu mente. También dicen que ames a tu prójimo como a ti mismo. Pero, Maestro, ¿quién es mi prójimo?"

Jesús decidió ayudarle a entender, contándole un cuento.

"Había una vez un hombre que caminaba de Jerusalén a Jericó. En el camino, unos ladrones le quitaron todo lo que tenía. El hombre cayó a un lado del camino y gritó.

"Un sacerdote de Jerusalén pasó por allí en su burro. El sacerdote vio al hombre al lado del camino, pero tenía otras cosas importantes en la mente y no quería tomarse el tiempo para ayudarlo. El sacerdote tampoco quería que sus ropas se ensuciaran, así que ignoró su llamada de auxilio.

"Un segundo hombre pasó más tarde ese día. También era un religioso, el ayudante de los sacerdotes del templo. Ese asistente vio al hombre al lado del camino y le dio miedo ayudar. Le preocupaba que los ladrones estuvieran cerca. ¿Y si después lo robaban a él? Decidió que era demasiado riesgoso y apresuró el paso.

"El pobre hombre lloraba con lágrimas amargas porque las personas de su propia ciudad no le ayudaban. Estaba completamente solo, cansado, herido y triste.

"Muy tarde, casi en la noche, otro hombre llegó por el camino. Este hombre era de Samaria."

Jesús hizo una pausa. Les recordó a todos que mucha gente no confiaba en los samaritanos y les explicó que la gente de Samaria adoraba a otros dioses y parecía diferente de la gente de Jerusalén. Luego continuó:

"Este samaritano vio al hombre desfallecido al lado del camino. No lo vio como a un extraño. Sólo vio que era un hombre que necesitaba ayuda. El samaritano se quitó su manto y envolvió al hombre con él. Limpió el polvo de su cara. Lavó y vendó sus heridas, y le dio agua para beber.

"El samaritano le dijo al hombre: 'Iremos a la siguiente posada y te encontraremos un poco de comida y un lugar para descansar.' El samaritano puso su brazo alrededor del hombre y le ayudó a subir a su burro.

"El hombre de Jerusalén estaba agradecido de la amabilidad del extraño. Le daba las gracias una y otra vez.

"Los dos hombres caminaron hasta que encontraron una posada. El samaritano pagó el cuarto al posadero y cuidó al hombre de Jerusalén toda la noche. Se aseguró de que tuviera suficiente comida y agua.

"A la mañana siguiente, el samaritano fue con el posadero y le dijo: 'Aquí están unas monedas. Por favor, cuida a este hombre. Ha tenido un viaje difícil y necesita nuestra ayuda. Déjalo dormir hasta que se sienta suficientemente bien para continuar su viaje a Jericó. Cuando yo regrese, te pagaré más por haberlo cuidado.'

"El posadero accedió a cuidar al hombre. El samaritano abandonó la posada para continuar su viaje. El posadero cuidó al hombre de Jerusalén hasta que se recuperó lo necesario como para volver a viajar, y llegó a salvo a Jericó."

Cuando Jesús terminó este relato, se sentó en silencio.

Después de unos instantes, Jesús le preguntó al joven que primero le había hecho la pregunta: "¿Cuál de los tres viajeros trató al hombre como su prójimo? ¿El sacerdote, el asistente o el samaritano?"

El joven le contestó a Jesús: "El samaritano trató con bondad al hombre aunque no se conocían."

Jesús dijo: "Todos deberían tratar de ser como el buen samaritano. Debes tratar con bondad y misericordia a cada persona que conozcas. Todos son tus prójimos, tus vecinos, y debes amarlos como lo dijo Dios."

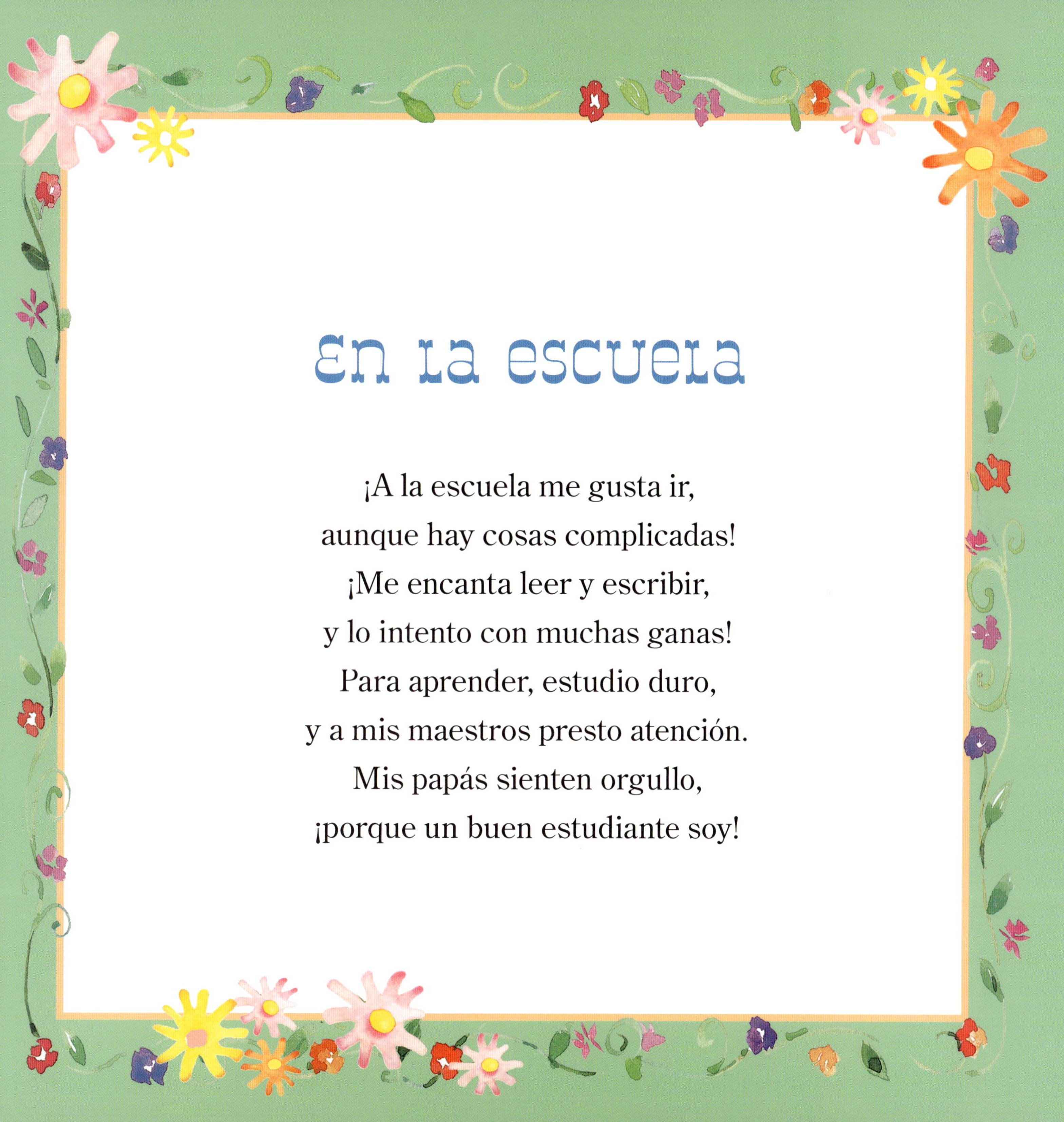

# En la escuela

¡A la escuela me gusta ir,
aunque hay cosas complicadas!
¡Me encanta leer y escribir,
y lo intento con muchas ganas!
Para aprender, estudio duro,
y a mis maestros presto atención.
Mis papás sienten orgullo,
¡porque un buen estudiante soy!

# El hijo pródigo

*Adaptado por Lora Kalkman*
*Ilustrado por Sharon Harmer*

Había una vez un hombre que vivía en una enorme propiedad con sus dos hijos. Era un agricultor exitoso.

Aunque era rico, trabajaba duro e insistía en que sus hijos también lo hicieran. Al hijo mayor no le importaba y con gusto ayudaba en las labores. Sin embargo, al menor no le gustaba nada el trabajo. Y le preguntaba a su padre:

"¿Por qué tenemos que trabajar tan duro?"

"Nuestra propiedad ha crecido gracias a nuestro trabajo", decía su padre. "El éxito llega a aquellos que se lo ganan."

El hijo más joven dijo que no trabajaría más. Le pidió a su padre su parte del dinero de la familia y después, para consternación de su padre, se fue para ver el mundo.

El joven estaba emocionado por abandonar la granja. Contó alegremente sus monedas de oro. “Hay muchas”, dijo fascinado. “Tengo suficiente dinero para visitar las ciudades más grandiosas y comprar en las tiendas más finas.”

El joven viajó a la ciudad más grande de esas tierras. Encontró un lugar muy elegante para vivir, con cortinas de seda y muebles de terciopelo. Comía en los mejores restaurantes y usaba la ropa más cara. Si veía algo que le gustaba, lo compraba.

“Mi padre y mi hermano son unos tontos”, se decía. “Pasan los días trabajando duro en el campo. Deberían estar disfrutando su dinero como yo.”

El joven nunca pensó en conseguir un trabajo. Después de todo, aún tenía bastante oro en su bolsillo. Aunque su padre había tratado de enseñarle el valor del esfuerzo, el joven se negaba a aprender la lección.

Un día, mientras el joven iba de compras, una tela cautivó su mirada. El joven abrió su bolsillo para pagar... pero su bolsillo estaba vacío.

“¿Cómo puede ser?”, dijo estremecido de pánico. “¡Había muchas monedas cuando llegué a la ciudad!”

Lamentablemente, el joven había gastado toda su fortuna en ropa elegante, joyas y cosas que no necesitaba. Ahora no tenía nada. Ni siquiera tenía una sola moneda para comprar una hogaza de pan.

El joven caminó hasta una granja cercana y consiguió trabajo en el campo. Tenía que trabajar muy duro en esa granja. No ganaba mucho dinero y a menudo se iba a la cama con hambre.

“Si voy a trabajar, debería ir a casa y trabajar para mi padre”, decidió. “Quizá entonces al menos tenga suficiente para comer.”

El joven regresó a la casa de su padre. Mientras se acercaba a la puerta, se sintió nervioso. Sabía que se había equivocado. Tenía tanto miedo de que su padre estuviera disgustado, que pensó en volver. Pero su padre corrió hacia él, y para su sorpresa, sonrió y abrió sus brazos para abrazarlo.

"Hijo querido", dijo su padre. "Te eché mucho de menos. Bienvenido a casa."

El padre estaba tan contento de que su hijo menor hubiera regresado que hizo una gran fiesta para celebrarlo. Le dio una túnica y unos zapatos nuevos. También le dio lo mejor de su propiedad para comer.

El hijo mayor no lo entendió y se puso furioso. No creía que su padre debiera tratar a su hermano menor tan bien. Después de todo, él había sido bueno y trabajaba duro mientras su hermano se había portado muy mal.

El padre notó el disgusto de su hijo mayor. "¿No estás contento porque tu hermano está en casa?", preguntó.

"¿Por qué eres tan bueno con él?", replicó el hijo mayor. "No creo que sea justo."

El padre abrazó a su hijo mayor. "Tu hermano ve sus errores. Debemos perdonarnos y amarnos, como Dios nos perdona."

El joven consideró las sabias palabras de su padre y entonces se volvió para abrazar a su hermano menor. "Bienvenido a casa", le dijo.

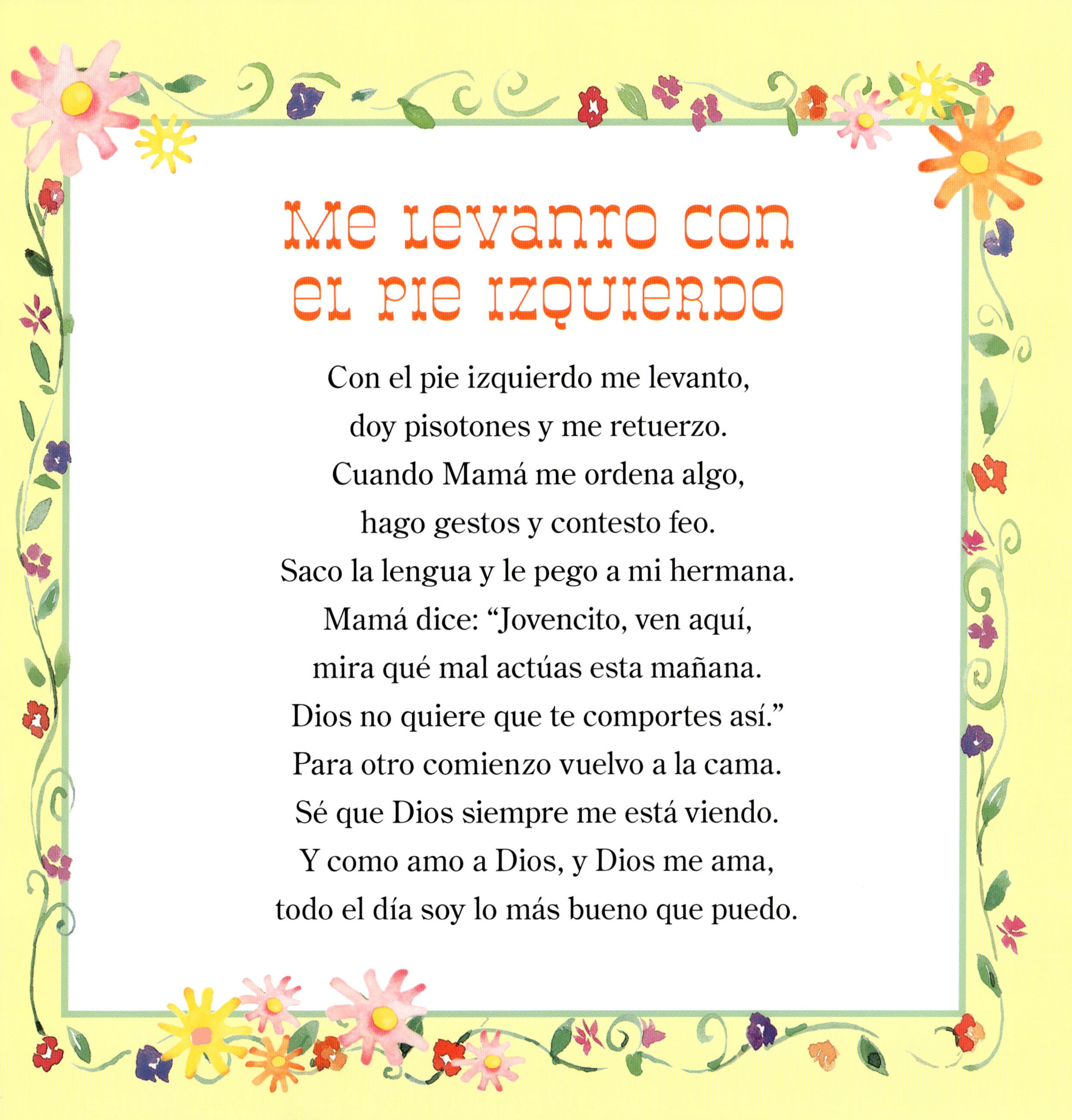

# Me levanto con el pie izquierdo

Con el pie izquierdo me levanto,
doy pisotones y me retuerzo.
Cuando Mamá me ordena algo,
hago gestos y contesto feo.
Saco la lengua y le pego a mi hermana.
Mamá dice: “Jovencito, ven aquí,
mira qué mal actúas esta mañana.
Dios no quiere que te comportes así.”
Para otro comienzo vuelvo a la cama.
Sé que Dios siempre me está viendo.
Y como amo a Dios, y Dios me ama,
todo el día soy lo más bueno que puedo.

# Zaqueo

*Adaptado por Suzanne Lieurance*
*Ilustrado por Chris Embleton*

Había una vez un hombre llamado Zaqueo, que vivía en la ciudad de Jericó. Zaqueo era extremadamente rico. Usaba ropa fina y joyas hermosas. A pesar de esto, nadie en Jericó quería a Zaqueo. La gente sabía que robaba dinero... *su* dinero. Zaqueo era recaudador de impuestos y, cada vez que venía a recoger el dinero, se llevaba más de lo que las personas debían.

Los habitantes de Jericó no tenían dinero ni ropa elegante, pero tenían algo de lo que Zaqueo carecía: tenían amigos y familia que se preocupaban por ellos. Tenían verdadera felicidad.

Zaqueo creía que no necesitaba ser feliz.

Un día, mientras Zaqueo caminaba por la calle, escuchó a unos hombres que hablaban.

"Jesús vendrá al pueblo", dijo uno de los hombres. "Vamos deprisa para poder oírlo predicar."

Los hombres parecían emocionados por escuchar a Jesús, así que Zaqueo también quiso oírlo predicar. Pero como Zaqueo era muy bajo, no podía ver nada más que las espaldas de las demás personas. Si no lograba pasar entre esa multitud, jamás vería a Jesús ni lo escucharía predicar. Zaqueo intentó abrirse paso a empujones, pero había demasiada gente. Se paró de puntitas, pero tampoco eso funcionó.

Por fin, Zaqueo oyó la voz de Jesús a lo lejos, en dirección hacia él. La multitud se había separado para abrirle camino a Jesús. Zaqueo seguía empujando y tirando, en su intento de verlo.

Zaqueo empujó y dio codazos hasta tener la cara roja por el esfuerzo, pero seguía sin poder distinguir nada.

Después de unos minutos, se le ocurrió una idea: si tenía que estar muy alto para ver a Jesús por encima de la multitud, entonces subiría muy alto.

Zaqueo caminó hasta un fuerte árbol de sicomoro. Trepó y se paró en la rama de abajo, pero no mejoró mucho. Ahora, en lugar de ver las espaldas de las personas, veía sus cabezas. Zaqueo se estiró para agarrar una rama más alta, luego subió y se paró en un fuerte brazo. ¡Ahhh! Ahora podía ver por encima de todos. Y observó que Jesús se acercaba cada vez más.

Mientras Jesús se acercaba al sicomoro al que se había subido Zaqueo, la multitud volvió a separarse para abrirle paso. Muy pronto, Jesús estaba precisamente debajo de Zaqueo.

Jesús se detuvo junto al sicomoro y alzó la vista para mirar al hombre finamente vestido que estaba sentado en una rama grande y ancha. Nadie tuvo que decirle a Jesús el nombre de ese hombrecillo de apariencia extraña, con toda esa joyería de plata.

"Zaqueo, baja por favor. Quiero ir a tu casa", dijo Jesús.

Zaqueo tomó la mano de Jesús y bajó al suelo. La multitud se reunió alrededor de los dos hombres. Zaqueo sonreía orgullosamente mientras daba la bienvenida a Jesús a Jericó, pero notó que nadie más parecía contento. De hecho, estaban hablando de él.

La gente susurraba: "Jesús será huésped de un pecador. ¿Por qué haría eso?"

Zaqueo miró a la gente con sus ropas desgastadas y sin joyas, y por primera vez se dio cuenta de que había herido a esas personas con su codicia.

"Señor", le dijo Zaqueo a Jesús, "daré la mitad de mis posesiones a los pobres. Si he engañado a alguien con algo, le pagaré cuatro veces esa cantidad."

Zaqueo quería que Jesús supiera que estaba listo para cambiar su vida. Sacó unas monedas de su bolsillo y se las dio a un hombre.

Jesús dijo: "Dios me envió para poder ayudarte. Ahora, Él te perdona."

Zaqueo había cambiado. Y ahora que era rico en amor, también sería feliz.

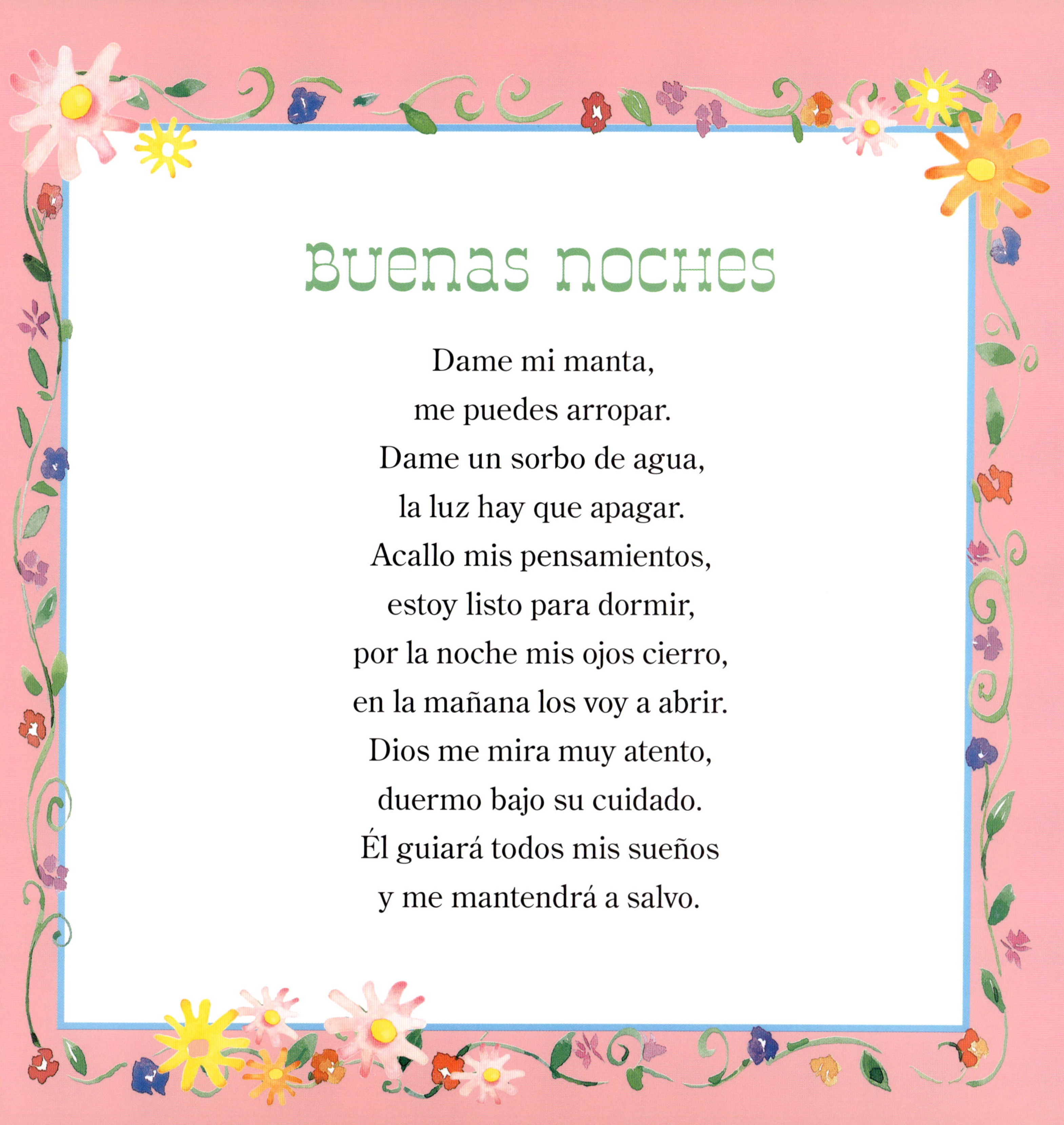

# Buenas noches

Dame mi manta,
me puedes arropar.
Dame un sorbo de agua,
la luz hay que apagar.
Acallo mis pensamientos,
estoy listo para dormir,
por la noche mis ojos cierro,
en la mañana los voy a abrir.
Dios me mira muy atento,
duermo bajo su cuidado.
Él guiará todos mis sueños
y me mantendrá a salvo.

# La Última Cena

*Adaptado por Rebecca Grazulis*
*Ilustrado por Allan Eitzen*

Cuando había llegado el día de celebrar la Pascua, Jesús y sus doce discípulos se sentaron a cenar juntos. "Uno de ustedes me traicionará", dijo Jesús.

Judas Iscariote se dio cuenta de que Jesús sabía que era él, Judas, quien lo traicionaría. Pero Jesús no lo acusó. En cambio, le ofreció a Judas la ración más grande.

Jesús amaba a todos sus discípulos, incluso a Judas. Levantó una hogaza de pan y pidió a Dios que la bendijera. A cada uno le dio un pedazo, diciendo: "Coman todos de él, es mi cuerpo entregado por ustedes." Después, levantó su copa de vino. Dijo: "Beban todos de él, en memoria mía". Pensativamente, los discípulos comieron y bebieron.

Después de la cena, Jesús llevó a los discípulos a un huerto llamado Getsemaní. Allí oró.

Jesús encontró un lugar tranquilo y cayó de rodillas. "Amado Dios", rezó, "no quiero sufrir. Por favor ayúdame a ser valiente, para que se haga tu voluntad."

Jesús volvió y halló a los discípulos dormidos. "¿No pueden mantener los ojos abiertos?", preguntó. "Es hora de que se haga la voluntad de Dios. ¡Aquí está el que me traicionará!" Los discípulos se levantaron rápidamente.

Judas llegó con un grupo de líderes del pueblo y unos guardias que parecían muy disgustados. "Hola, Maestro", dijo, saludando a Jesús con un beso.

"Haz lo que debes hacer", dijo Jesús. "Sé que esto es parte del plan de Dios para mi vida."

Jesús sabía que aquel beso era la señal para los guardias. De repente, sujetaron a Jesús y lo arrestaron.

Los guardias escoltaron a Jesús ante Poncio Pilato, el gobernador romano. Poncio Pilato preguntó: "¿Eres el rey de los judíos?"

"Es verdad", contestó Jesús, y permaneció de pie en silencio mientras los líderes del pueblo decían:

"Este hombre cree que es un rey y que es divino."

Pilato estaba sorprendido porque Jesús no decía nada para defenderse. Comenzó a reunirse una multitud. Los líderes del pueblo dijeron que Jesús debía ser castigado. Muy pronto, todos estaban gritando: "¡Crucifícalo!"

"¿Por qué? No ha hecho nada malo", argumentó Pilato.

Pilato se puso nervioso. Podía ver que la multitud se enfurecía cada vez más. Sintió que no tenía opción. Finalmente, dijo: "Este hombre es inocente. ¡Si quieren crucificarlo, es su responsabilidad, no la mía!" Pilato ordenó a sus soldados que se llevaran a Jesús y lo crucificaran.

Los guardias pusieron una corona de espinas en la cabeza de Jesús antes de llevárselo para crucificarlo. Mientras caminaban, Jesús cargaba una pesada cruz de madera. Cuando llegaron al Gólgota, una alta colina, los guardias clavaron a Jesús en la cruz y colocaron arriba un letrero que decía: "Jesús, rey de los judíos." Un criminal colgaba de una cruz a la izquierda de Jesús, y otro, a su derecha.

Mientras Jesús estaba colgado en la cruz, la gente gritaba: "¡Si eres el Hijo de Dios, sálvate!"

Al mediodía, una gran oscuridad cubrió la tierra. A las tres de la tarde, Jesús gritó: "Dios mío, ¿por qué me has abandonado?"

Cuando Jesús volvió a gritar, murió. De pronto, la tierra comenzó a temblar. Las rocas se partieron en dos. Los guardias romanos estaban asustados. Finalmente se convencieron de que Jesús era en verdad el Hijo de Dios.

José de Arimatea, un hombre que amaba a Jesús, estaba muy triste por su muerte. Fue ante Pilato y le preguntó: "¿Puedo llevarme el cuerpo de Jesús para darle un entierro apropiado?"

Pilato accedió. José regresó al Gólgota y envolvió cuidadosamente el cuerpo de Jesús en una larga tela de lino. María Magdalena se sentó cerca, mirando con tristeza. Siguió a José mientras llevaba a Jesús a una tumba tallada en la roca, en la ladera de una colina. Suavemente colocaron a Jesús en la tumba y se despidieron.

Cuando salieron, José y su amigo Nicodemo llevaron rodando una piedra gigante para sellar la entrada de la tumba. Ahora Jesús podría descansar en paz.

# Bendición familiar

Bendice esta casa,
líbrala del fuego y la tormenta.
Bendice a esta familia,
y mantenla abrigada y cerca.

Bendíceme siempre, Padre,
y que nunca olvide yo
lo que con Jesús entregaste
para probarme tu amor.

# Jesús vive

*Adaptado por Brian Conway*
*Ilustrado por Pamela Becker*

Después de que Jesús murió, María Magdalena oraba junto a su tumba todos los días. Una mañana, mientras la mujer entraba al jardín, se detuvo asombrada: ¡la roca que cubría la tumba había sido empujada a un lado!

María Magdalena lentamente subió a la tumba y se asomó al interior. La tela blanca que había cubierto el cuerpo de Jesús estaba en el suelo. Y Jesús no estaba.

Lo que quedaba era una visión milagrosa. Dos ángeles vestidos de blanco se sentaban donde había estado el cuerpo de Jesús. "María, ¿por qué lloras?", preguntaron los ángeles.

"Alguien se ha llevado a Jesús", respondió ella entre lágrimas. "Estoy asustada."

Mientras María Magdalena volvía, se topó con un hombre. Estaba llorando tanto que no levantó la vista y supuso que era el jardinero. Él le preguntó por qué lloraba.

"Por favor, señor", dijo ella. "¿Sabe a dónde se han llevado a Jesús?"

Como estaba llorando, María Magdalena no reconoció a ese hombre que conocía tan bien. Era Jesús.

"María, no llores", dijo suavemente Jesús. "Soy yo."

"¡Estás vivo!", exclamó ella y fue a abrazarlo.

"No me sujetes", dijo Jesús, "porque todavía no he regresado a mi padre. Ve y di a mis discípulos que he regresado. Diles que los veré pronto, antes de volver a mi padre".

María Magdalena hizo lo que Jesús le dijo. Corrió a ver a los discípulos y les contó lo que había pasado.

Esa noche, los discípulos fueron a pescar en el Mar de Galilea. Habían escuchado con atención lo que María Magdalena les dijo. Los discípulos echaban de menos a Jesús y estaban muy emocionados con su regreso. Se preguntaban cuándo se les aparecería.

"No le dijo a María Magdalena cuándo", explicó Simón Pedro. "Sólo dijo que volvería con nosotros."

Los hombres trabajaron toda la noche, pero no pescaron nada. Temprano, en la mañana, un hombre los llamó desde la lejana orilla.

"Amigos", dijo el hombre. "Sus redes están vacías. ¿Por qué no han atrapado ningún pez?

"No lo sabemos", gritaron los discípulos. El hombre estaba lejos, así que no podían ver que era Jesús.

"Arrojen sus redes por el otro costado del bote", gritó Jesús. "Creo que encontrarán algunos peces."

Los discípulos hicieron lo que el hombre les dijo. Cuando trataron de recuperar la red, estaba muy pesada para levantarla. ¡Estaba llena de peces!

"¡Es un milagro!", gritaron.

Entonces cada discípulo volvió a mirar a la orilla. Sólo sabían de un hombre que podía realizar un milagro tan asombroso.

"¡Es Jesús!", gritó Simón Pedro. "¡Ha regresado!"

Los discípulos remaron hacia la orilla. Simón Pedro no podía esperar a que los remos movieran la barca, así que saltó al mar y nadó hasta la orilla.

"¡Que la paz sea con ustedes!", dijo Jesús.

Sus discípulos, maravillados y llenos de alegría, se reunieron a su alrededor. Sólo unos días antes, habían llevado su cuerpo a la tumba. Ahora Jesús estaba de pie ante ellos, mostrándoles las marcas en sus manos y su costado.

“¡Es verdad!”, dijeron. “¡Has regresado con nosotros!”

Jesús dijo: “Mi padre me ha enviado a ustedes. Les traigo el Espíritu Santo y su poder de perdón.”

Jesús sostuvo sus manos en alto para bendecirlos. “Serán mis mensajeros, llevando el poder del perdón del Espíritu Santo al mundo”, dijo. “Díganles a todos que he vuelto a ustedes y que me vieron regresar a mi Padre en el cielo.”

Y con los brazos aún levantados, Jesús se elevó en una nube.

# Todas las cosas hermosas

Las cosas hermosas,
todas las hizo Dios.
Y a cada criatura
también Él la creó.
Las flores y pájaros,
sus cantos y su color.
Grandes y pequeños,
todos son su creación.

Las cosas hermosas,
todas las hizo Dios.
Y a cada criatura
también Él la creó.